Runoja

FSC
www.fsc.org
MIX
Paperi vastuul-
lisista lähteistä
Paper from
responsible sources
FSC® C105338

Tarja Okkonen

JOULUPUKKI TULEE KOHTA

TARJA OKKONEN

Kanssajuhlijat, novelleja, Ilias 2002.
Oikeat ihmiset, novelleja, Ilias 2005.
Kolmas kokoelma, novelleja, 2011.
Kirpaisuja, lyhytproosaa, Kustannuskynnys 2013.
Vuosisadan rallaustarina, runoja, Kustannuskynnys 2014.
Yksinhuoltajan runot, BoD 2015.

ISBN 978-952-330-211-2

Kustantaja: BoD – Books on Demand, Helsinki, Suomi
Valmistaja: BoD – Books on Demand, Norderstedt, Saksa

KUVAT MUUTTUVAT

Maailma kuohuu tapahtuu
Suomi vaipuu
rasistit, suvakit, välikit,
myö vaan, mustat toppatakit.

Baarissa pakkopullaa;
sä et pidä rasisteista, pidätsä raiskauksista,
kysyy baaritiskillä tyhmyys puhaltaa päin naamaa
pimeys vaivaa, kaivaa maata jakkaran alta,
hämäräiset unelmat, palat puuttuvat,
kun Suomi-kuvat muuttuvat, suuttuvat
tämä ei ole minun Suomi, tämä ei ole sinun Suomi
muutan muualle, muuta muualle.

Maailma kuohuu tapahtuu
Suomi vaipuu
rasistit, suvakit, välikit,
myö vaan, mustat toppatakit.

VOIMME PAHOIN

viereisessä pöydässä
maahanmuuttokeskustelu
yksi miehistä
nostaa esiin
sodanaikaiset liekinheittimet

palaneen lihan käry leviää

KUOLLESSASI KADUT

Tuijota näyttöä, että ehdit tarpeeksi
katsoa sitä, koskettaa elämäsi aikana
kuollessasi kadut kaikkia niitä hetkiä,
jolloin katsoit silmiin,
kuuntelit, elit jakamatta huomiota
näytöllesi, joka uskollisesti
loppuun asti sairaalan yöpöydälläsi.
Sivelet sitä voipunein sormin, kunpa olisit
ymmärtänyt rakastaa sitä enemmän.

LEIPÄ

Odotan valoissa vihreää
vanha nainen kääntyy minuun
sanoilla, joita en ymmärrä,
elämän tiuhaan rastittamat kasvot,
näyttää lappua, en saa selvää – enkä halua,
kaiken maailman kerjäläiset tulevat Suomeen.

Anova ääni nousee laskee
kertoo sydänsärkevää
ja nainen näyttää siltä,
hänen pitäisi olla kotitalossaan
leipomassa leipää lastenlapsilleen,
ei kulkemassa koleaa katua
ihmisen luota ihmisen luokse
– enkä halua, kaiken maailman kerjäläiset...

Taskussani 50 senttiä osuu sormiin
annan sen nopeasti salaa
– en halua kaiken maailman...
Nainen kiittää, toivottaa jotain,
taputtaa käsivarttani mennessään
kuin lohduttaisi, yhtä tässä ollaan,
ylpeä rouva, valo vaihtuu, ihmisiä kaikki.

HÄN KATSOO IKKUNASTA

Hän seisoo olohuoneensa ikkunassa häpeilemättä.
Antaa näkyä! Se on hänen ihmisoikeutensa, seistä
omassa ikkunassa niin kauan kuin tahtoo.
Piilottelematta. Muka kyttäämistä. Mitä se ämmä
kyttää, kerran naapurin ukko näytti keskisormea?
Ämmä kyttää elämää. Liikettä. Säätä. Ohi kulkevaa
koululaista, jonka auki olevan takin haluaisi laittaa
kiinni, kun on raaka ilma, Jäämereltä tuulee. Hän
on huomannut, varsinkin miehet, eivät ne kehtaa
katsoa ulos, lämpömittarin tarkastavat jämerästi ja
jos on lintulauta, sitä saa katsoa, mutta ihmistä ei.

SUOMALAISEN ON PAKKO DOKATA

Pakko se on juoda,
ihmiset eivät pidä, jos on selvä.

Ei ole puhumista, kaikki odottavat humaltumista,
sitten ollaan yhtä samaa kamaa yhteenkuuluvuutta.

Juomasta ei voi lakata, jos ei tahdo erakoitua.

Tällainen on Suomi, juomalla naitu, kuoltu.

Uutuutena tuotu, sivistyneesti juotu:
tissutellen maksa poks.

Kristityt odottavat aina jotain ja Kristusta, sanoo
radiossa pappi. Kristinusko on out, minun juttuni,
uskoni, jumalani ja sinun samat ja hänen ja heidän
ja teidän, jotka uskotte ateismiin. Mikä ohjaa meitä
kansana, kysyy radiossa pappi. Vastaisin Joulupukki,
tavarataivaan ukki, häntä diggaavat kaikki.

LOHDUTUS

tänään on vähän surua
keitin kaurapuuroa

kukkalautasella
sileä vankkumaton jalat maassa
oleva puuro
tummanpunainen hillosilmä
kiiltää, maistuu kesät
tuoksuu sukupolvien hillonkeitto

maailma on hyvä
tällaista on olemassa

II

SAAKO TÄHÄN ISTUA?

Huolestuneen näköinen keski-ikäinen mies istuutuu
pöytääni terassilla – kuka hän on?
Olen 55-vuotias mies, joka pelkää vanhenemista, hän
sanoo. Miksi hän pelkää?
Neljä vuotta olen katsonut vanhuutta suurennuslasin läpi,
auttanut vanhaa isää, haurasta lintua, kotihäkkinsä vankia,
minä pelkään vanhuutta.

Mies mukava mukana hyviä kysymyksiä, joihin en osaa
vastata.

Meillä on yhteisiä huolia, eteenpäin huoli lapsista, miten
he pärjäävät maailmassa, joka muuttuu, josta puuttuu joku
tärkeä pala, monta. Yhteiskuntaan on nykyään vaikea
päästä sisään, mies sanoo.
Tiedän, mitä hän tarkoittaa.
Mulla on huoli mun lapsista, hän sanoo.
Tiedän, mitä hän tarkoittaa.

Eteenpäin huoli lapsista. Taaksepäin huoli vanhemmista;
nähdä heidän, oman elämän entisten vahvojen,
haurastuvan, alkavan kysyä neuvoa tukea meiltä, me
olemme nyt niitä, joiden pitää tietää, ottaa selvää, tukea ja
auttaa, katsoa seurata, miten ote herpoaa, miten he
elämämme entiset vahvat, häkeissään liudentuvat hitaasti
elämästä pois ja samaan aikaan lapset aikuistuvat sortuviin
rakennelmiin, me keski-ikäiset   meidän täytyy
meidän täytyy   jotain.

Miehen isoisä oli köyhistä oloista, nousi, koulutti
poikansa, joka nousi, koulutti poikansa, joka nousi,
tämä, nyt 55-vuotias mies, joka pelkää vanhuutta ja jolla
on huoli lapsista, hänen kasvoiltaan luen: suvun odotettu
nousu päättynyt.

Maailma muuttui taas kesken kaiken, maailma muuttuu,
mutta kippis nyt kuitenkin! Me emme varmaankaan enää
tapaa, oli mukava tutustua, huolestuneen näköinen
keski-ikäinen mies sanoo ja jatkaa matkaa.

vieläkin äiti kertoo kissasta ja isä
joka oli niin viisas tietysti eihän meille
muita kuin viisaita kissoja minulla
on eri muisto ja äiti on huolissaan
kukkapenkeistä likaisista ikkunoista
hän ei lopeta huolehtimista huolet ovat
äidin moottori huolehtikoon sitten ja isää
nukuttaa yhä useammin toivon ettei
omenapuihin tulisi tänä vuonna omenoita
kaikki herukat söisi herukkamato keijut
kävisivät saksimassa nurmikon lempeä
äkkikuolema tulisi pihakeinuun ajoissa

MENNEISYYDEN LEHMÄT

Palvelukodissa odotetaan ruokaa, vieraita, kuolemaa,
onko puuroa, sisko vai lähdön hetki. Väliin tulee joku
taiteilija kysymään, minkä nimisiä lehmiä rouvilla
aikoinaan. Sitten istuvat mummot pöydän ääressä, ja
menneisyyden lehmät loikkivat puolelta toiselle:
Pipparilla, Muisto, Lillikki, Juonikki ja Leeda Sohvia
Nuppulinna. Se on sitä virkistystoimintaa, pääsevät lehmät
jaloittelemaan.

JOKOS SYÖDÄÄN?

Vanha mies istuu sohvalla syötyään,
muut ovat rollaroineet pois.
Hoitaja laittaa viimeiset astiat koneeseen.
Televisio huutaa, ettei olisi haudanhiljaista.
Jokos syödään, vanhus kysyy.
Syötiin jo, nyt Mauno voi mennä ruoan päälle
lepäämään, hoitaja sanoo, auttaa käsipuolesta ylös.
Mauno köpöttää huoneeseensa. Ruokalevolle.

EI TUNNE TÄTÄ PAIKKAA

Mauno huomaa, ettei ole kotona, ei tunne tätä paikkaa.
Miksi on täällä tollojen kanssa, pyytävät tekemään
joulukoristeita pöydän ääreen? Nyt täytyy mennä kotiin,
ootteko kaikki ihan sekaisin, Mauno huutaa. Sie se oot
sekasi, mummot vastaavat. Ja hoitaja kovalla äänellä, tules
tänne nyt vaan, toisten kanssa askartelemaan. Mauno
korottaa vielä ääntään, mutta vihassa ei ole puhtia kuin
vähän aavistaisi, että kotia, jonka niin muistaa, ei enää ole.

MIE OON HUONO KERTOJA

Kumarassa pöydän ääressä nousee menneisyys
värikkäänä omana kerrottavana palvelukodin
odottavaan luovutettuun hiutuvaan arkeen
kertoo tunnin yhtä matkaa elämänsä nauhaa
vielä kerran ryöpyten kaiken mitä muistaa.

MITÄ SIUN NYT PITÄIS KUULLA?

Pommikoneet huusi.
Pelotti, että
viimeinen yö on meillä.
Yhdellä mummolla
oli vielä siellä
pommisuojassa
kassissa kaks kissoo.
Jännityksen paikka,
kun siellä piti olla niin pitkään
ja kaikki ihmiset
olivat niin kauhuissaan.
Kaks kissoo istui kassin laidalla.

MAMMALLE

Kiitos keittiön komerossa tekeytymässä olleesta viilistä
savikupissa, kiitos taloa saartavista omenapuista, kiitos
papasta, joka ryysti kaffetta tassilta, kiitos aurinkoisen
päivän älöstä rusinakiisselistä kylmän riisipuuron päällä
aurinkotuoliin tarjoiltuna (kiitos, että ymmärsit, etten
voinut syödä sitä), kiitos kannettomaksi lauletusta
laulukirjasta, kiitos portista, joka laitettiin aina kiirni,
kiitos kirjoituspöydästä, jonka laatikoihin ei saanut kajota,
kiitos valkoisista lakanoista pihan poikki vedetyllä narulla,
kiitos, että pruukasitte papan kanssa, kiitos, että ostit
keittiön komeroon voileipäkeksejä minua varten, kiitos,
että näit enneunia, kiitos mehumaijassa kiehuvan
mustaherukkamehun tuoksusta, kiitos kypsyvistä
paprikoista lasiverannalla, kiitos, että kiipesit narisevat
portaat, toivotit yläkertaan: Nukkukaa Herran rauhaan.

Luen Leinoa palvelukodin tv-huoneessa:
Kun aavehet mieltäsi ahdistaa,
niin lemmi! – ja aavehet haihtuu.
Nainen pyörätuolissa ilman ääntä
muotoilee huulillaan runosanoja lukemiseni tahtiin
koko sielullaan, joka runoja rakastaa, koko kehollaan
runoon päin minuun päin
niin paljon kuin pyörätuoliin asetettu äänetön pystyy
silmät loistaen ilosta, kyynelistä
pidän katseeni hänessä
lausumme yhdessä, minä olen meidän ääni.

SÄRKYNYT PÄÄ

Vauvanukkeni putoaa
sen pää halkeaa
takaraivossa ammottava aukko
olen kurja äiti 60-luvulla
kateellinen serkun ehjästä lapsesta
haluaisin mennä takaisin hetkeen
niin että koskee
jossa olisin voinut tehdä toisin
niin kuin pari kertaa elämässä

sen jälkeen

osto- ja myyntiliikkeen ikkunassa 2013
samanlainen varottavapäinen nukke
kahdeksankymmentä euroa
melkein ostan sen itselleni
saisin ehjän takaisin.

Äitini löytää päiväkirjasivut talon yläkerrassa sijaitsevan huoneeni pöydältä. Lukee minulla olevan vatsasyövän, on pahoillaan, että en ole kertonut. En halua hänen lohdutustaan. Minua ärsyttää, että äiti sai tietää, vatsaan ei koske, olin unohtanut koko syövän, olen aikuinen enkä asu enää tätä huonetta, en asu äitiä. Minulla on koti, josta olen muuttamassa huomenna perheeni kanssa. Minulla on aviomies, jolla on vaalea kihara tukka. Minulla on ainakin yksi lapsi. Kaikki on pakkaamatta, otan banaanilaatikon käsiini, miten saan kaiken tehtyä huomiseen mennessä. Meidän pitääkin lähteä heti, ei ole aikaa, katson olohuonetta, mietin tavaroita, jotka jäävät muiden katsottaviksi. Mitä otan mukaan, kun voin ottaa vain vähän? Sitten asiat mutkistuvat, asiat mutkistuvat paljon, sillä onkin maailmanloppu. Sen tuleminen lähenee jylynä ja talo tai laiva, jossa olemme – se on yksi ja sama maailmanlopun tullessa, onko talossa vai laivassa – sen muoto muuttuu, se elää, kuutioituu paloiksi, paloja pois. Mutta vain yhdellä asialla on väliä, minun lapseni itku kuuluu jostain seinien takaa.

Minun lapseni itku kuuluu jostain seinien takaa, vain sillä on väliä, että voin lohduttaa häntä viimeiset minuutit.

TAPETAAN MUMMO

Me ei jakseta, se ei kuole ikinä. *Kuka tänään tulee eikö kukaan tule, kuka tulee?* Älä vastaa puhelimeen, ei jaksa ei jaksa. Mummo haluaa, mummo ei halua, mummo haluaa. Kuolla, kyllä kiitos ei kiitos, palvelukotiin ei kiitos ei ikinä, palvilihaa, kyllä kiitos ei kiitos, kakka jumii. *Kuka tänään tulee, eikö kukaan tule, kuka tulee?* Tapetaan mummo mustalla huumorilla, se on meille parhaaksi, mummo pääsee vihdoin pois, se on mummolle parhaaksi. Ei tarvitsisi kärsiä. Likatahroista, roplaamisesta, unohtuneista talviverhoista, kadonneista pitsiliinoista, vuotavista silmistä, pelosta muuttaa, pelosta jäädä, halusta kuolla, pelosta kuolla. Tapetaan mummo leikisti säännöllisesti, muuten ei jaksa ei jaksa. *Kuka tänään tulee, eikö kukaan tule, kuka tulee?*

Kyyneleet tippuvat silmistäni
kaiken liikutukseni pintajännitys rikkoutuu
aina olen tykännyt itkeä, kovaksi ja siaksi
olisin tullut ilman itkua, mutta
missä iässä nenäliina aukeaa
tarvittaessa kädessä kuin lumpeenkukka
ilmestyy vanhoille naisille tyhjästä.

III

KANNATTAKAA RUNOILIJAA

Ostakaa kannatuksen vuoksi runokirja.
Kannattakaa suomen kieltä runoutta.
Kannattakaa tätä runoilijaa.
Kannattakaa tämän runoilijan yhtä runoa.
Kannattakaa tämän runoilijan yhtä säettä.
Vapaavalintaisesti
kannattakaa tämän runoilijan yhtä sanaa.

REKKAMIEHEN RUNO

Huomaan, se ajaa oudosti vasemmalla.
Ajattelen, no väistän.

Sitten se tulee, uudenkarhee Volvo, akka ajaa päin.
Seison puoli minuuttia jarrun päällä,
tyhjä lasti, saan pysähtymään niinkin nopeasti.
Shokissa ulos, hirveesti romua.
Siihen tulee ihmisiä. Menen katsomaan takapenkin,
ettei siellä, jumalauta, ole lapsia.
Akka on tajuton. Se alkaa täristä,
joku kysyy, osaatsä elvyttää. Mä vastaan,
paljoon mä pystyn, tähän en.
Poliisit, kun tulevat, sanovat, tämä oli odotettavissa,
omaiset ilmoittaneet henkilön itsetuhoisuudesta.

Eikä se edes kuollut.

SOHVAPÖYDÄN IHMISKONTAKTI

Mustassa pipossa niskassa roudarinteipillä kalasääsken
sulka, lintumies tulee pöytään, kukaan ei häntä tunne, jos
mä olisin lintu, mä olisin tuulihaukka, sanoo, kaunista,
nainen hymyilee, linnut ovat viattomia, ne eivät petä, mies
sanoo, seurue ei lämpene linnuille, hän ojentaa pöydän yli
käyntikorttinsa naiselle, ruudullisella paperilla
puhelinnumero ja nimmari, nainen pyörittelee lappua,
tekee kollaasia pöydälle, se on henkilökohtainen,
lintumies sanoo, nainen pitkissä sormissaan paperi,
kuuntelee oikealta vasemmalta huomionsa haluttu,
röökikopissa halataan, nainen ajatuksissaan repii silppua,
lintumies tuijottaa, ojentaa ison kouransa pöydän yli,
nainen laittaa hiutaleet huolellisesti kädenkuppiin,
lintumies nyrkkinsä taskuun, valkoinen sade leijailee
pöydälle, naisen minihameelle, nainen tajuaa
loukanneensa, sanaton anteeksi yrittää jättää myönteisen
vaikutelman baarin sohvapöydän ihmiskontaktista,
toivottaa hyvää jatkoa vakaville kasvoille, jotka menivät
jo.

SOHJOINEN YÖ

Laiha kettu öisessä Helsingissä etsii ruokaa.
Johanneksenkirkon edessä vastaan hoipertelee
viluinen väsynyt mies. Kettu pysähtyy. Mies
pysähtyy, katselee eläintä liikuttuneena:
 - Kettu, pieni kettu. Miten sä pärjäät täällä?
Kettu jatkaa matkaa. Mies jatkaa matkaa.
Sohjoinen yö kastelee kengät.

minulla on lapsuuteni lunta
kirjoituspöydän laatikossa
työnnän siihen toisinaan käteni
ensilunta vuodelta 1969
tein siitä pienen lumiukon
talomme viereen ja sen jälkeen
hiihdin pihalla sohivan ympyrän
kettuhattu päässä punaisessa takissa
punaisilla puusuksilla
uskoin lumen mahdollisuuksiin
voisin rakentaa siitä mitä vaan
kodikkaan lumilinnan, jossa polttaa kynttilää
johon Peter Pan, Tauno Palo tai joku kuninkaan poika
osaisi tulla,
lumilyhdyn, joka valaisisi mielet paremmiksi
lumihevosen, jolla lentäisin minne haluaisin
vaikka etsimään sen kuninkaan pojan, jos se ei muuten
tajuaisi tulla
tai sitten vaan... esimerkiksi kirjakauppaan ostamaan
paperia
joka oli vielä parempaa kuin lumi
uskoin paperin mahdollisuuksiin
mutta lapsuuteni lumi
siitä ei voinut itse päättää
se tuli milloin tuli suli
minulla on lapsuuteni lunta
kirjoituspöydän laatikossa

RUNOILIJA TORITAPAHTUMASSA

Kansanedustaja pitää puheen, läpäläpälää, yrittäjyys
ja hyvä sää, luen väliin runon, josta kukaan ei mitään
ymmärrä, mutta vitunko väliä, runoilija tuo tapahtumaan
väriä; kulttuuri kuuluu kaikille, varsinkin puluille – pitää
terveenä runoilijan, joka saa palkaksi omenan.

TAITEIDEN YÖ

Älä lyö, vaan ikuinen taiteiden yö, lyö rumpua, tanssi
katu katuun, kadulla, tanssi vaikka pienin salaisin
suomalaisin askelin, tanssi pois kovat nyrkit, kovat
kadut hakkaavat takaraivot auki, tanssi pois veri
asfaltilta, tanssi sydämessä, käsivarret ottamaan
vastaan, tanssi halaamaan, älä lyö, katu katuu
mennyttä kovuuttaan, nyt sulaa vahaa, ei katupahaa
enää koskaan, i k u i n e n   t a i t e i d e n   y ö   .

TAMMIKUUN TILAISUUS

Teatteriravintolan lasiterassilla pyry tuulee ikkunanraoista
sisään. Hopeista kidettä kynttilöiden valossa.

Istun takki päällä, juon teetä. Kuuntelen, kun runoilija
lukee tekstiään. Runossa sätkii hauki. Nainen ui rinnat
paljaana, mies kyykistyy, kives osuu laiturin lautaan. Kesä
on kaukana ja täällä.

Ja ensimmäinen päivä, kun kunnolla käsitän, jos hän tulisi
ovesta takaani kirjailijayhdistyksen tilaisuuteen, hän ei
koskisi hellästi olkapäätäni. Hän nyökkäisi ja kävelisi ohi.

Ehkä seisahtuisi kuitenkin ajatellen olevan liian kylmää
olla sanomatta mitään. Hän siis sanoisi: "Säkin olet täällä,
kyllä maailma on pieni."

Kuka nyt sanoo niin pikkukaupungissa, jossa kumpikin
asuu? Ei kukaan muu kuin hämmentynyt mies, joka
toivoisi kaupungin olevan suurempi, ettei hän törmäisi
naiseen, jonka haluaa unohtaa.

Näin häntä nimittäin eilen Suutariliike Pasasessa, yhtäkkiä
olimme tiskin takana vierekkäin. Hän sanoi: "Kyllä
maailma on pieni."

Tässä kaupungissa on kaksi suutaria, ja minun piti saada
uudet korkolaput saappaisiini. Ensimmäinen talvi, kun
vaihdan liukkaat korkolaput pitävämpiin. Aiemmin ei

tullut mieleeni mahdollisuus kaatua selviytymättä säröittä.

Hän toi Suutariliike Pasaseen kameralaukkunsa hihnan ommeltavaksi. En keksinyt kepeää sanottavaa, yritin olla näyttämättä, kuinka hänen näkemisensä koski.

Katseeni jäi kiinni hänen käsiinsä, ne pitelivät kameralaukkua tiskillä.

Hän otti suhteemme alussa minusta kuvia, kun kasvoni olivat kiinnostavat. Ja selkäni kaari. Enää minussa ei ole kiinnostavaa, vaikka kasvot ovat samat. Ja selkä.

Hän ei halunnut jatkaa tarinaamme, koska tajusi minun olevan hänen elämänsä kokonaiskuvaa ajatellen vääränlainen nainen. Minusta meidän olisi pitänyt elää suhteemme loppuun, viimeiseen spermapisaraan, suudelmaan, vitsikkääseen ilmeeseen, mieleenpainuvaan sanaan, koivunoksien huojuntaan tuulessa ennen sadetta nurmikolta makuulta katsottuna. Hänestä suhdetta ei voi elää loppuun niin kuin katsoisi elokuvan loppuun – jos tietää suhteen päättyvän kohtapuolin, se pitää lopettaa heti. Tyhmää. Lopettaako hän kirjan 12 sivua ennen, koska kirja kuitenkin loppuu 12 sivun kuluttua? Tyhmä mies. Ihana mies.

Minua kylmää, lämmitän sormiani teemukin ympärillä. Maailma on suuri, ja minä olen yksin.

Viereisessä pöydässä kirjailijayhdistyksen runokioski.

Mies, jolla on keikistelevä huivi ja runsaat kulmakarvat ja nainen, jolla on pitkä kaula ja punaiset hiukset kirjoittavat runoja viiden euron maksua vastaan. Parikymppinen poika tilaa omansa: "Niinku miten eron jälkeen säilyttäisiin ystävinä." Hänen seurassaan ilokroppainen tyttö, tuskin se, jolle runo annetaan. Hellyttävää silti. Toivottavasti poika tajuaa kopioida tekstin, tuollaiselle runolle olisi käyttöä.

Sitten hymyilevä nainen tilaa runon kummalliselle miehelle, kiharatukkainen mies kaukaiselle rakastetulle, sitten kukaan ei tilaa runoa. Haen lisää teetä.

IV

ISOÄIDIN OHJEET

Osa ihmisistä on niin saatanan herkkiä,
eivät kestä kuulla mitään, tulee painajaisia,
niillä on raskasta, kun kaikesta paskasta
täytyy tehdä vaaleanpunaista, isoäiti
sanoo punahilkalle, joka on lähdössä
tyhjän korinsa kanssa metsän halki kotiin.

Ok, punahilkka sanoo ja avaa ulko-oven.

Punahilkka, varo sitä sutta, se yrittää
purra pyllystä, anna kenkää sille,
isoäiti huutaa perään.

Ok, punahilkka sanoo ja sulkee ulko-oven.
Sutta ei näy.

Eräs väsynyt mies makaa kalliolla pää erään naisen sylissä
kalliolta näkyy meri tuulee puissa alunvihreää
nainen hyräilee ja keinuttaa erästä itseään ja miestä
tuuli ja kallio tuudittavat heitä, eräs tuuli eräänä päivänä.
Ihanaa keinutusta, mies sanoo ja sulkee silmänsä,
eräs uni eräänä päivänä.

PERÄMERENI POHJUKASSA TUNNUT

sanoin
en ikinä alkaisi olla
sinun kaltaisesi kanssa
kiinnostuin heti
maalaisjärki kertoo
sivustaseuraaja sanoo
mutta näytä minulle jotain uutta
sinä, jonka kaltaisen kanssa
en koskaan alkaisi olla

RAKAS LAASTARI

Käytä hyväksi, miten haluat,
mikä sinulle olen,
sinä minulle laastari,
tärpätti avohaavaan, auttaa,
olet avaus uusiin miehiin,
pidä hyvänäsi
niin kauan kuin hoitomme kestää.

MENNEEN RAKASTETUN MUISTAMISPÄIVÄ

Mennyt rakastettu, kaukana kuin vuolemasi kaarnavene,
joka on jo ties missä, kun sen lähetimme kerran matkaan
hellehattupäivänä, jona meillä oli retki saareen.

En muista mitään ikävää.

Muistan vain kaarnaveneen, meren ja auringon, sinun
onnelliset silmäsi.

EI HAITTAA

Kiitos, herätit naisen minussa henkiin,
ei haittaa, vaikka olisit kusipää niin kuin väität,
en usko sitä kuitenkaan, olet kaunis, kaikki mitä
sanot jollain lailla, vaikka olen niin eri mieltä, olet
taideteos, joka herätti naisen minussa henkiin, ei haittaa
vaikka olisit kusipää, en usko kuitenkaan.

VAPAUS

Vatsa farkkujen kauluksen yli
kuin taikinalippa, jonka alle mahtuisi
varpunen sateen suojaan sikäli sympaattinen,
katos ja varpunen,
vatsa kasvattaa räystästä, mitä väliä, en aio enää
mennä miehelään, Sanni sanoo. Ei enää tarvitse
olla haluttava, olla sen miehen lähellä, haistaa se
mies, saada se mies, pitää se mies. Miettiä, kuinka
monta kertaa panee viikossa, onko kokeillut kaikki
asennot, lelut, ajellut karvat, niellyt spermat. Aivan sama,
aivan sama, en aio enää mennä miehelään, Sanni sanoo.

Entisten miesteni näköisten miesten on tapana
ajaa autolla ikkunani ohi. Joskus säikähdän, mitä
nyt tuokin vielä minusta haluaa ennen kuin tajuan,
se on vain viaton samannäköinen ajamassa ties minne,
missä häntä odotetaan. Minua ei odota asunnossani
kukaan. Olen huomannut, yksin asuminen on vapauttavaa,
se tekee ihmisen helposti hullummaksi. Ei ole ketään,
jonka takia ryhdistäisi ajatuksensa, senhän tietää, mitä
sellaisesta seuraa, entistä oudompia ajatuksia. Mutta
hyvä, että kaikki nuo miehet ajavat ohi, kellään ei ole
mitään selvitettäviä asioita kanssani.

PEILIN EDESSÄ

Sanon hei hei silmilleni,
jotka hitaasti matkaavat
kalloni sisuksiin.
Niillä on kai syynsä lähteä,
totean nenälleni –
se on nykyään enemmän läsnä.

HÄPEÄMINEN

Naisen kuuluu hävetä erityisesti sitä,
että hänen hiuksensa harvenevat iän myötä.
Naisen tulee tutkia päivittäin peilin edessä
hiustensa alta kuultavaa päänahkaa,
vaihtaa jakauksen paikkaa, vaihtaa kampausta,
itkeä, hävetä lisää, itkeä lisää, menettää tunnettaan
naiseudestaan hius hiukselta, kun kruunu murenee
tyynyliinalle, olkapäille, jää kiinni kampaan,
huuhtoutuu viemäriin. Naisen tulee yrittää
peittää vanhenemisensa merkit. Tärkeintä on,
että hän tuntee epätoivoa, ostaa tuotteita: kiristää,
kohottaa, täyttää, tukee, muovaa, muovittaa.
Väittää julkisesti, ikä ei tunnu missään; olen kisu,
puuma, puumempi, puumin, kuumin...
Kyllä ikä tuntuu – ja ne hiukset! Vedän kaljuksi,
jos alan muistuttaa liikaa Juicea. Silmäni näyttävät
pienemmiltä nykyään, pääkallo imaissut ne sisäänsä,
valmistelee hetkeä, kun silmämunani häviävät kokonaan.
Mustat silmänaluset maalaavat tummat puolikuut,
tehostavat kasvojeni pääkallomaista vaikutelmaa.
Näytän jo kuolleelta, jos olen totinen.
Lisäksi! Minulta on vedetty hammas alarivistä.
Kolo näkyy, jos nauraisin estottomasti. En uskalla.
Naisen kuuluu hävetä erityisesti sitä,
että hänen hampaansa harvenevat iän myötä.

V

SATAA

hautajaispäivänä seisomme ulkona
sanot, ei ole mitään muuta,
kaikki on tässä
sateen olomuoto muuttuu lumeksi
jossain kuoleva sotilas vajoaa polvilleen
jossain lapsi sanoo äiti
ensimmäisen jossain viimeisen
rukouslistani niin pitkä, etten jaksa rukoilla
kuin lyhyen auta kaikkia
aika ajaa minusta ohi
en koskaan kuvitellut sen ajavan vanhalla naistenpyörällä
taiteltu paperipussi tarakalla eikä se kastu sateessa
hautajaispäivänä seisomme ulkona
sanot, ei ole mitään muuta,
kaikki on tässä

RAUHA

Järjestelmän lastenhuoneissa
nukkuvat sen lapset.
Ja pelokkaat vanhemmat, jotka eivät enää tiedä,
mitä pitäisi tehdä,
mihin kaikkeen olla uskomatta, mihin kaikkeen uskoa,
kaikkeudessa haukkovat happea
lastensa sänkyjen vieressä helppoa rauhaa;
merkityksellisyys asuu huonetta.
Kuunnelkaa lasten hengitystä,
kallis ääni
sairastuneen järjestelmän lastenhuoneissa.

Talvina, joina lunta on paljon
lumisadekin menettää viattomuutensa,
pelkkä riesa,
lunta menee kenkiin, kulkuneuvot juuttuvat hankiin,
kuka käy luomassa papan polun.

Mutta mustan joulun alla
se lumisateen odotus,
anna meille valoa ja puhtautta,
lunta.

Hiutaleiden kiteissä taivaallista pitsiä.

JOULUPUKKI TULEE KOHTA

Perhejoulu, kaikki on valmista, mummo on valmis
kypsä
tervetuloa mummolaan.

Yksi uskoo kinkkuun, toinen ei syö sikaa, ei kalaa,
kolmas syö kalaa, ei sikaa. Neljäs uskoo Jumalaan, viides
johonkin korkeimpaan, kolmas tunnustuksellinen pakana,
sillä on voimaeläimenä orava. Lapsia neljä, yksi
kasvatettu pumpulissa, kolme pellossa. Kaikki
keskustelunaiheet tulenarkoja, että hyvää
joulua, vittu sentään.

Lapset kai kaikki uskovat joulupukkiin.

PYRÄHTELEVÄT SIELUT SYNTYNEET LAULULLE

Hetken koskettaa vastasyntyneen sanoma
sitten alkaa kasvatus, tukahdutetaan kirkkaus,
täkäläisten tapojen opetus, niele valo, kasvata kuori
laita kovuus kiertämään, kivi hiertämään, taistele,
kamppaile, kilpaile, ihmisen osa itkee

Kivi hyvä, silitän samettiturkkiasi, sammal syksyn kosteaa
elämänvihreää. Olet pieni sopivan kokoinen polun
vieressä istun sinua sadetakissa, katson puiden runkoja,
lehtimattoa, hengitän metsäsi mikrobit, jotka jäävät
minuun tulevat kanssani kaupunkiin, sinä jäät polun
viereen olemaan metsää. Minä tulen taas. Hengittämään,
voi hyvin.

Kun saisit vielä yhden kesän
yhden kesän olla
mökillä tuulessa auringossa
yhden kesän katsoa
lintuja varpaita silmiä
yksi kesä järvessä taivaassa laiturilla
ja savustettu lahna, vadelmakiisseli, ruislimppu

saisit vielä yhden kesän.

PISTE

Kun minä kuolen
minä olen varmasti ehtinyt
elää elämäni loppuun.

Kun minä kuolen
älä sano
minun kuolleen liian aikaisin.
Kuolin hyvin täsmällisesti
oman aikani
huomioon ottaen.

Kun minä kuolen
minä olen ehdottomasti ehtinyt
omaan loppuuni asti.

SUKUPOLVIENKETJUSI

Sinulle ei ollut koskaan
sopivaa säätä
aurinko paistoi ihosyöpää satoi tuuli oli liukasta liikaa
pakkasta tai pimeää
suojauduit mökkiisi
sitäkö varten, että saat nyt maata monta vuotta
laitoksessa eikä teitä tosiaan viedä ulos
poikasi ei käy hajun takia ja varmaan siksi
koska vajakkilaitos, kuten hän sanoo, määränpäänä
vie pohjan koko elämältä
eikä sitä halua ajatella
makaa siellä, te kohtaatte vielä,
tavallaan. Hän tulee hautajaisiin.

LIIKAHDUS

Menetit uskosi rakennelmaan, jonka varassa elit,
löysit tilalle hivenen, kun ravintolaillan päätteeksi
liian monen viinilasillisen jälkeen puiston lumipenkkaan
sikiöasentoon nukkuaksesi pois. Joku tuli, koska heräsit
kovalla lattialla, hullujenhuoneellako, pelästyit, sinun
hyvässä ammatissa oleva miehesi, virkasi, sinun pieni
kaupunkisi. Kuset housussa mitätön lattialla. Sinussa
liikahti, kuin pieni rukous, putkan lattialle jäi kieltäjä,
syntyi etsijä. Sinusta.

YKSINHUOLTAJAN RUKOUS

Rakas Jumala, jos minun täytyy menettää uskoni,
ota se pois vasta, kun lapset ovat isoja. Ilman Sinua en
tästä selviä. Selviä siitä, että pitää rakastaa niin paljon.
Huomata niin paljon. Pyytää ja antaa anteeksi niin paljon.
Hankkia niin monet kurarukkaset ja ehjät sukat, tuhat
sukkaa ennen kuin tämä on täytetty. Juhlakenkiä,
urheiluvälineitä, soittimia, polkupyöriä, partahöyliä, ehkä
mopokin! Mutta Jumala, älä anna lasteni kiinnostua
mopoista, ne ovat vaarallisia. Äläkä anna minun huolestua
kaikesta, mopoikäänkin on vielä ikuisuus.

Tarvitsen Sinua, joka rakastat meitä kaikkia, lapsia ja äitiä,
isää, jota odotetaan ja joka ei tule.

EI KUKAAN KATSO LÄHELTÄ

Katson itseäni peilistä elämän merkkaamaa.
Ei kukaan katso niin läheltä
ota kasvoja käsiensä väliin
riisu, koske. Enää.

Lääkäri nyt tietysti maksusta
ja mitä ruumishuoneella kääntelevät.

Ruumishuoneen vahtimestarin kosketus.

Kuulostaa kauniilta.

Älkää viekö minulta tätä illuusiota, kertoko,
ettei ruumishuoneen vahtimestari

koskettele vainajaa.

kiusaus antaa minän kasvaa
kasvaa
kunnes Tellus on minän
lelupallo

kuljeta minä pimeään
tähtitaivaan alle
pakota katsomaan
ylös
tummassa kannessa valovuosien tiukat tuikut
tiivistyneet silmät
kaukaiset sielut
valolankaa ajasta aikaan
tähtitaivaan alla
ihmisen paikka

Kirjailija Okkonen Kotkan kirjastossa 2015.